MEMOIRE,

POUR Demoiselle MARIE CARDON, veuve de DENIS FAU-
CONNIER, Negociant à Dunkerque; Défenderesse & Demanderesse.

CONTRE *Joseph Joirés, Grand Bailli de la Ville de Ber-
gues-Saint-Vinoch en Flandres; Demandeur & Défendeur.*

ET contre   *veuve de Joachim
Vanderlippe, Marchand de la Ville de Bergues en Norvege.*

LA seule & unique question à décider entre les Parties,
est de sçavoir si la Demoiselle Fauconnier peut être obligée à prendre en payement des sommes qui doivent lui
être payées par le sieur Joirés de mauvais effets de nulle valeur, appellez des Dixiémes d'Actions rentieres de la Compagnie des Indes, ou si au contraire elle sera payée en
argent comptant.

La Demoiselle Fauconnier ne sera pas embarassée de prouver que ce
n'est pas avec des effets chimeriques que l'on acquitte les condamnations
portées par les Arrests de la Cour, sur tout dans une espece aussi favora-
ble que celle dont il s'agit, où la cause des condamnations prononcées
par la Cour, remonte à près de trente années, depuis lesquelles on continuë à lui retenir de mauvaise foi ce qui lui a d'abord été enlevé furtivement.
C'est ce que va faire connoître le récit du fait, en mettant dans tout leur
jour les variations, les tergiversations & la duplicité du sieur Joirés qui n'a
rien épargné pour s'approprier le bien de cette veuve & de ses enfans qui ne
demandent autre chose que l'exécution d'un Arrest de la Cour du 12 Juin
1722.

FAIT.

Le sieur Fauconnier, mari de la Demoiselle Cardon, aujourd'hui sa veuve,
qui étoit établi à Dunkerque, confia en 1703, le commandement d'un Vaisseau à lui appartenant, au nommé Jean Kaleydt, Norvegien de Nation.

La destination de ce Vaisseau étoit pour aller charger du Sel & quelques
autres Marchandises à Nantes, & les apporter à Dunkerque : mais Kaleydt
au lieu de se conformer aux ordres du sieur Fauconnier, fit route pour la
Norvege, & aborda à Bergues lieu de sa naissance; il poussa même l'infide-
lité jusqu'à s'approprier toute la cargaison de ce Vaisseau, & le corps du
Vaisseau même.

Le sieur Fauconnier n'apprit que long-tems après ce qu'étoit devenu son
Vaisseau, & étant mort dans ce tems, sa veuve fut obligée de s'adresser à

A

un Négociant d'Harlem en Hollande , pour le prier de charger quelques-uns de ses amis de Norvege , de poursuivre cet infidele Capitaine.

Ce Négociant d'Hollande appellé le sieur le Febvre , adressa la Procuration que la Demoiselle veuve Fauconnier lui avoit envoyée , au sieur Joachim Vanderlippe , Marchand de Bergues , à l'effet de tirer raison de Kaleydt ; mais cette Procuration ne pouvoit pas tomber en de plus mauvaises mains.

Le sieur Vanderlippe se chargea à la verité de la poursuite , & transigea avec Kaleydt , moyennant un certain nombre de risdalles (monnoye de Norvege) qu'il reçût ; mais aussi peu fidele que le Capitaine, il se contenta de marquer à la veuve Fauconnier par une lettre du 12 Avril 1705, qu'il avoit reçû une partie de ses fonds ; & au lieu de les lui faire tenir , il en fit son profit , & les garda pour lui-même. Les effets volez au mari de cette veuve par Kaleydt , n'avoient fait que changer de main , & elle courroit risque de ne les jamais recouvrer , lorsque le hazard lui en fournit l'occasion en 1711.

Elle apprit qu'un Vaisseau chargé en partie pour le compte de Vanderlippe , avoit relâché au port de Dunkerque , & que le sieur Joirés avoit aussi entre les mains des effets appartenans à Vanderlippe ; elle fit saisir le tout le 21 Fevrier 1711, & le 27 du même mois , il intervint en l'Amirauté de de Dunkerque une Sentence qui fit main-levée au sieur Reymers Capitaine du Vaisseau saisi, de ce Vaisseau & des effets de la cargaison qui n'appartenoient pas à Vanderlippe , la saisie tenant seulement ès mains du sieur Joirés par forme de consignation sur les marchandises qui appartenoient à Vanderlippe , & sur ce que le sieur Joirés avoit à lui ; le sieur Joirés resta aussi caution du prix du corps du Vaisseau qui appartenoit à Vanderlippe.

Voilà enfin les effets volez par Kaleydt en 1703, retenus par Vanderlippe depuis 1705 jusqu'en 1711, qui passent entre les mains du sieur Joirés , la Demoiselle Fauconnier en conçût de bonnes esperances , mais elle s'est lourdement trompée ; les deux premiers n'ont fait que les garder plusieurs années à la verité; le dernier veut l'en dépoüiller tout-à-fait , & substituer de mauvais effets à l'argent comptant qui appartient à cette veuve.

Mais reprenons la suite des faits. Le 20 Avril 1716, il y eut en la même Amirauté de Dunkerque , une seconde Sentence qui condamne Vanderlippe à payer à la veuve Fauconnier, 890 risdalles , interêts, frais & dépens , pour le payement desquels la saisie faite sur Vanderlippe ès mains de Joirés, fut déclarée valable jusqu'à concurrence de ce qui lui étoit alloüé , & Joirés condamné à payer ; quoi faisant, déchargé.

Cette Sentence ajoute : *Et attendu que lesdites especes consignées entre les mains du sieur Joirés n'ont plus d'usage , & que le cours en est severement prohibé par les Ordonnances de Sa Majesté ; ordonnons qu'à la diligence du Procureur du Roi , & avant aucune délivrance des deniers à la Demanderesse , il sera fait un transport chez ledit sieur Joirés pour la reconnoissance d'icelles especes , en dresser procès verbal du nombre & qualité d'icelles , pour être à l'instant envoyées à la Monnoye de Lille , & y être échangées en especes du cours de ce jour , & certificat delivré par les Juges de la Monnoye.* Cette disposition de la Sentence aura dans la suite un grande application , & on fera voir qu'elle n'a jamais été executée.

Ces 890 risdales que Vanderlippe étoit condamné de payer à la Demoifelle Fauconnier, étoient une monnoye de Norvege qui n'avoit aucun cours en Flandres, il en falloit faire l'évaluation en monnoye de France.

Cette évaluation fit naître une conteſtation entre le ſieur Joirés & la Demoiſelle Fauconnier. Elle prétendoit que cette évaluation devoit ſe faire eu égard à la valeur des riſdalles dans le tems qu'elle ſeroit payée, parce que juſques au moment du payement elle étoit toujours creanciere de 890 riſ-dalles, quelque valeur qu'elles euſſent par proportion à notre monnoye. Le ſieur Joirés ſoutenoit au contraire que ce devoit être ſuivant la valeur qu'avoient les riſdalles le 21 Fevrier 1711, jour de la ſaiſie de la Demoiſelle Fauconnier en ſes mains, & jour de ſa demande.

Cependant la Demoiſelle Fauconnier qui demeuroit pour lors à S. Omer, laſſée de ne point voir rentrer ſes fonds depuis 1703, donna en 1718 une Procuration à ſon fils pour aller recevoir ce que Joirés avoit à elle entre ſes mains, & qu'il étoit condamné de lui payer.

Le ſieur Joirés trouva d'abord à redire aux qualitez de la Procuration, & à l'âge du ſieur Fauconnier fils qui étoit mineur ; mais enſuite faiſant re-flexion qu'il ſeroit plus aiſé de le ſurprendre, il lui dit qu'il étoit prêt de le payer, & qu'il ne s'agiſſoit que de regler le prix des riſdalles en s'en rappor-tant à des Arbitress.

Ce parti fut accepté par le ſieur Fauconnier ; mais le ſieur Joirés qui ſe chargea de dreſſer le pouvoir qu'il falloit donner aux Arbitres, y gliſſa adroi-tement qu'il s'agiſſoit de regler le prix des riſdalles ſuivant le cours du 21 Fevrier 1711, conformement à la Sentence du 20 Avril 1716, (quoique cette Sentence n'en diſe pas un mot) Les Arbitres firent l'évaluation ſur ce pied-là, & trouverent que les 890 riſdalles en 1711, valoient 2956 liv. 14 ſols.

Le ſieur Joirés après être ainſi parvenu à ſes fins par une ſupercherie en ſuppoſant fauſſement que la Sentence de 1716 ſtatuoit ſur ce dont elle ne parloit en aucune façon : Et voyant que les louis qu'il avoit, & ſur leſquels il venoit de profiter d'une augmentation de 4 liv. par louis, alloient être décriez de tout cours au premier Septembre, en vertu d'Arreſts des 17 Juillet & 20 Aouſt 1718, prit la reſolution de rejetter cette perte ſur la veuve Fau-connier.

C'eſt dans de pareilles circonſtances que le 22 Aouſt 1718, le ſieur Joirés fit faire des offres réelles en louis de 24 liv. piece, à la veuve Fauconnier, ſuivant la fixation par lui prétenduë, & lui fit ſignifier qu'en cas de refus, la perte ou diminution, ou autre évenement ſeroit à ſes riſques, & que dans quelque tems qu'elle ſe preſentât pour recevoir ſa ſomme, ce ſeroit dans les mêmes eſpeces de louis à 24 liv. & qu'elle ſeroit tenuë de les recevoir ſur le pied de leur valeur dudit jour 22 Aouſt 1718.

Ces offres furent refuſées, & les differentes prétentions des Parties par rap-port à l'évaluation des riſdalles, donnerent lieu à un procès.

Les premiers Juges furent favorables à la prétention de la Demoiſelle Fauconnier, & ſans s'arrêter à l'évaluation précedemment faite, comme fondée ſur une diſpoſition fauſſement attribuée à leur Sentence de 1716, ils ordonnerent en interpretant en tant que beſoin eſt ou pourroit être, leur Jugement du 20 Avril 1716, que les riſdalles ſeroient reglées & évaluées ſuivant le cours du jour du payement qui en ſeroit fait par le ſieur Joirés, à la Demoiſelle Fauconnier. Cette Sentence eſt du 29 Janvier 1720.

Le ſieur Joirés interjetta appel de ce Jugement en la Cour, pendant que cet appel y étoit pendant, il donna une Requête le 26 Novembre 1721, par laquelle il demanda qu'il plût à la Cour declarer bonnes & valables *les offres par lui réellement faites le 22 Août 1718, en loüis d'or reſtez pour le refus de la Demoiſelle Fauconnier, en dépôt ès mains du Notaire qui les a fait.* Ce ſont les propres termes de cette Requête, tant de la ſomme de 2956 l. 14 ſ. à laquelle ont été évaluées les 890 riſdalles, au cours du 21 Fevrier 1711, que des interêts de ladite ſomme, à compter dudit jour 21 Fevrier 1711, juſqu'audit jour 22 Août 1718, même des épices & coûts de ladite Sentence du 20 Avril 1716, & des dépens.

Ces conteſtations furent terminées par l'Arrêt de la Cour du 12 Juin 1722, qui en admettant l'évaluation des riſdales, ſuivant leur valeur au jour de la ſaiſie, infirma la Sentence, dont Joirés étoit appellant, & le condamna à payer à la Demoiſelle Fauconnier, ſuivant ſes offres du 22 Août 1718, la ſomme de 2956 liv. 14 ſ. pour la valeur des 890 riſdalles avec les interêts, à compter depuis le 21 Fevrier 1711, jour de la de-mande, juſqu'au 22 Août 1718, avec les épices & les dépens.

Quand cet Arrêt fut rendu, le ſieur Joirés, qui avant l'Arrêt avoit dit par ſa Requête du 26 Novembre, que les eſpeces offertes étoient reſtées chez le Notaire qui avoit fait les offres, & qu'elles y étoient encore, chan-gea abſolument de langage; il declara que c'étoit par erreur que l'on avoit fait cette énonciation dans cette Requête; mais qu'il étoit vrai que les eſpeces offertes n'étoient point reſtées entre les mains du Notaire, qu'il les en avoit retirées, & qu'il les avoit converties en papier.

La Demoiſelle Fauconnier ſurpriſe à la vûë de cette declaration du ſieur Joirés, du 31 Août 1722, & frappée d'un langage ſi different, ſuivant les tems & les circonſtances, ſe trouva embaraſſée, & au lieu de ſuivre l'exe-cution de ſon Arrêt, que rien ne pouvoit arrêter; mal conſeillée, elle prit la voye de la Requête Civile contre l'Arrêt, croyant qu'il avoit eu pour fondement la déclaration frauduleuſe faite par le ſieur Joirés, que les eſpeces étoient encore en nature chez le Notaire qui avoit fait les offres.

Elle s'imagina que les aſſurances que Joirés avoit donné que les eſpeces par lui offertes, étoient en nature au jour de l'Arreſt, avoient déterminé la Cour à le rendre, & que ſi la Cour avoit ſçu que ces eſpeces euſſent été converties en papier, comme Joirés venoit de le declarer depuis l'Arreſt, elle n'auroit pas jugé comme elle avoit fait.

Il paroiſt même que Joirés penſa comme la Demoiſelle Fauconnier, puiſque nous trouvons que dans ſes contredits du 11 Avril 1725, il chan-gea encore de langage, en voulant faire entendre à la Cour, qu'à la ve-rité il avoit retiré les eſpeces offertes de chez le Notaire; mais que c'étoit un bien pour la Demoiſelle Fauconnier, qui ſans cela auroit eu du papier, au lieu qu'elle auroit de l'argent: Voici ſes propres termes: *Il eſt tellement vrai que le fait du prétendu dépoſt n'a fait aucune impreſſion, & que ce n'a point été le motif de la déciſion de la Cour; que ſi Elle y avoit fait quelque conſideration, la Demandereſſe ſe ſeroit trouvée dans une ſituation beaucoup plus fâcheuſe, parce qu'on ſçait qu'en 1720, il y eut des ordres publics de ne garder chez ſoy plus de 500 liv. en argent; que tous les dépoſitaires furent forcez de porter les ſommes d'ar-*

gent

gent qu'ils avoient en depoſt , & les convertir en papier ; enſorte que ſi la Cour avoit jugé ce depoſt , la Demandereſſe n'auroit à demander que des papiers d'une valeur très-peu conſiderable , au lieu qu'elle retrouve ſa ſomme en entier avec les intereſts , juſqu'au jour des offres réelles qu'elle a mal-à-propos refuſé. Et dans un autre endroit de cette même piece d'Ecriture , il s'explique encore ainſi : Si la Cour avoit jugé ſur ce depoſt , Elle auroit renvoyé la Demandereſſe à le retirer du Notaire en l'état qu'il s'y ſeroit trouvé, c'eſt-à-dire , en effets d'une nature très-mediocre , au lieu qu'elle lui a donné des eſpeces réelles.

C'eſt ainſi que s'expliquoit le ſieur Joirés en deffendant à la Requeſte Civile, qu'avoit pris mal-à-propos la Demoiſelle Fauconnier , au lieu de ſuivre l'execution de l'Arreſt , & de faire payer Joirés.

Cette Requeſte Civile n'a pas réuſſi. La Cour qui ſçavoit mieux que perſonne quel étoit l'eſprit de ſon Arreſt , & qu'elle n'avoit jamais eu intention de rien décider ni par rapport aux offres , ni par rapport aux eſpeces en quoi elles étoient faites , & qu'il n'avoit jamais été queſtion que de la valeur & de la fixation des Riſdalles, a débouté la Demoiſelle Fauconnier de ſa demande en enterinement de la Requeſte Civile.

Ce dernier Arreſt eſt du 3 Mars 1722, & il n'opere rien autre choſe , ſinon que celui du 12 Juin 1722 , ſubſiſte dans toute ſa force, & qu'en vertu de cet Arreſt la Démoiſelle Fauconnier peut exiger du ſieur Joirés toutes les ſommes dont il porte condamnation.

C'eſt ce que le ſieur Joirés a parfaitement ſenti , & pour parer ce coup , voici ce qu'il a imaginé. Il a en vertu d'un Arreſt ſurpris ſur Requeſte , & portant deffenſes d'executer les précedens Arreſts , fait aſſigner la Demoiſelle Fauconnier en la Cour ; il y demande contr'elle qu'elle ſoit tenuë de recevoir pour le montant des condamnations portées par les Arreſts de la Cour , des dixiémes d'actions rentieres de la Compagnie , provenuës , dit-il, des billets de banque, en quoi il prétend avoir converti l'argent ſaiſi entre ſes mains , & depuis par lui offert à la Demoiſelle Fauconnier ; ſur cette conteſtation les parties ont été appointées , & c'eſt celle qui eſt ſoumiſe à la déciſion de la Cour.

La Cour voit à preſent quelles ont toujours été les vûës du ſieur Joirés. Dès le moment qu'il s'eſt vû entre les mains ce qui appartenoit à la Demoiſelle Fauconnier , il a conçu le deſſein de ſe l'approprier , & il eſt enfin parvenu depuis 1711 qu'il garde cet argent , à ſe flater de pouvoir en dépoüiller totalement la Veuve Fauconnier , en ſubſtituant à ſa place des effets chimeriques & de nulle valeur, & il a cette hardieſſe , après avoir dit en 1725 , que la Demandereſſe retrouvoit des eſpeces réelles.

Auſſi eſt-il aiſé de faire voir que cette prétention du ſieur Joirés n'a d'autre fondement que ſa mauvaiſe foi, & qu'elle ne peut réüſſir en la Cour, qui va le voir dans la ſuite de cette affaire changer encore de langage à chaque moment ; nier dans un inſtant ce qu'il avoit affirmé auparavant, ne reſpecter ni les loix de la probité , ni celles de l'honneur , & tout ſacrifier pour faire perdre en entier à la Demoiſelle Fauconnier , ce qu'elle a pû rechaper d'un vol qui lui a été fait en 1703.

La Demoiſelle Fauconnier pour premiere deffenſe à une demande auſſi extraordinaire que celle du ſieur Joirés , lui a dit , que pour qu'elle pût réüſſir , il falloit d'abord qu'il lui fît voir plus clair que le jour , que les effets

qu'il lui offroit, defcendoient forcément de l'argent originairement faifi entre fes mains en 1711, & que pour cela il falloit qu'il prouvât,

1°. Qu'il a été neceffairement obligé de porter les efpeces faifies entre
fes mains à la Monnoie, pour les convertir en billets de banque.

2°. Qu'il les a réellement portées & converties en billets.

3°. Qu'il a été de même forcée par l'autorité du Prince, ou qu'il lui a
été permis par la Veuve Fauconnier de convertir ces billets en actions rentieres.

4°. Et qu'enfin ces effets convertis duffent être pour le compte de la Demoifelle Fauconnier.

Le fieur Joirés a accepté le défi, & s'eft engagé à prouver ces quatre pro-
pofitions. Voici comme il le fait dans fon avertiffement du 18 Mars 1728,
& dans fes contredits du 4 Aouft 1728, où il developpe fon fyftême, qu'il
ne fera pas difficile de ruiner avec fes propres raifonnemens, & même avec
les pieces dont il fe fert pour les appuyer.

Je n'ai jamais été, dit le fieur Joirés, que depofitaire des fommes qu'il
s'agit aujourd'hui de payer à la Demoifelle Fauconnier, par confequent la
perte & la diminution arrivée fur les effets deftinez aux payemens de ces
fommes ne me regardent nullement; il me fuffit, ajoûte-t-il, de prouver
que les dixiémes d'action que je prefente aujourd'hui, defcendent par une
filiation fuivie & non interrompuë, des effets faifis en 1711 par la Demoifelle Fauconnier fur le fieur Vanderlippe, & qui font reftez par forme de
depoft & de confignation entre mes mains.

Il eft certain, continuë le Sr Joirés, que la Sentence de l'Amirauté de
Dunkerque du 20 Avril 1716, qui a ordonné que fur les effets faifis dès 1711,
& reftez en depoft entre mes mains, la Demoifelle Fauconnier feroit payée
de 890 Rifdalles, interefts & depens, a en même tems ordonné, qu'attendu que les efpeces dépofées étoient hors de cours, elles feroient portées à
la Monnoie de Lille, procès verbal préalablement dreffé par le Procureur
du Roi du Siege, du nombre & qualité defdites efpeces.

Ce procès verbal, continuë toujours le fieur Joirés, a été dreffé; j'ai moi-
même porté à la Monnoie de Lille ces efpeces hors de cours, & je les ai converties en nouvelles efpeces. Cette converfion a produit une fomme de 6792 l.
& c'eft en quoi a confifté tout le depoft des deniers appartenans à Vanderlippe, fur lefquels la Veuve Fauconnier avoit à prendre 890 Rifdalles, les interefts depuis 1711, & les depens adjugez par la Sentence de 1716 : avec
ces nouvelles efpeces, j'ai fait faire à la D^{le} Fauconnier le 22 Aouft 1718,
des offres réelles en loüis de 24 liv. piece, de la fomme principale qui lui
étoit düe, des interefts & des frais, le tout enfemble montant à 4722 liv.

La Demoifelle Fauconnier a refufé ces offres, prétendant qu'il lui étoit
dû une fomme plus forte : cela a fait naître une conteftation, pendant laquelle il eft de notorieté publique que tous les depofitaires en l'année 1720,
ont été forcez de porter à la banque l'argent qu'ils avoient en depoft; j'ai
crû qu'il falloit cependant prendre quelques précautions par rapport aux
6792 liv. que j'avois en depoft, & dont j'avois offert à la Demoifelle
Fauconnier en 1716, une fomme de 4722 liv. je prefentai ma Requefte
au Juge de l'Amirauté de Dunkerque, qui par fon Ordonnance m'autorifa
à porter ces 6792 liv. à la Monnoye de Lille : je les y ai portées le 30

Mars 1720; j'en rapporte le Certificat du Directeur. Il est encore de notorieté publique, que les actions rentieres ont été un des débouchez indiquez pour placer les billets de banque; j'ai envoyé à Paris au sieur Helissant mon Correspondant les 6792 liv. de billets que j'avois reçû pour les 6792 liv. d'especes que j'avois portées à la Monnoye de Lille, il en a pris dix dixiémes d'actions rentieres que j'offre aujourd'hui de faire délivrer à la Demoiselle Fauconnier, jusques à concurrence de son dû, & elle ne sçauroit se dispenser de les recevoir, le depost ayant été aux risques d'elle, qui étoit la proprietaire, suivant cette regle vulgaire, *res perit domino.*

Tels sont les raisonnemens du sieur Joirés, & même en quelques endroits ses propres paroles. Adoptons donc ici son systême, pour le battre avec ses propres armes, & faisons lui voir qu'il n'y eut jamais de dépositaire si infidele, ni qui ait malversé si indignement dans l'administration du depost qui lui a été confié, & cela pour l'appliquer à son profit particulier, & frustrer la Deffenderesse de son dû.

Quelque forte que soit la proposition de la Demoiselle Fauconnier, il ne lui sera pas difficile de l'établir, & de prouver que les dixiémes d'actions qu'on lui présente aujourd'hui, ne proviennent point necessairement & successivement des especes saisies en 1711 à sa Requête, ni de celles qui lui ont été offertes en 1718, en loüis d'or de 24 liv.

Pour le faire avec ordre, la Demoiselle Fauconnier établira d'abord.

1°. Que la Sentence du 20 Avril 1716, de l'Amirauté de Dunkerque, qui ordonnoit la conversion des especes saisies en 1711, en nouvelles especes du Royaume, n'a jamais été executée, & que le sieur Joirés ne les a point portées à la Monnoye de Lille, mais les a gardé & en a disposé ainsi qu'il l'a jugé à propos.

2°. Que quand il seroit vrai que cette premiere conversion eut été faite, ce qui n'est pas, il est encore évidemment faux que les 6792 liv. provenus, dit-on, de cette premiere conversion, ayent été portez à la Monnoye de Lille en 1720; qu'il est pareillement faux & supposé que les 4722 liv. offerts par le sieur Joirés en 1718, à la Damoiselle Fauconnier, en loüis d'or de 24 liv. y ayent été portez.

3°. Que le certificat du nommé Baret du 30 Mars 1720, rapporté par le sieur Joirés comme sa piéce triomphante, est au contraire une piece mandiée & visiblement fausse.

4°. Que quand il seroit aussi vrai qu'il est faux que ces conversions eussent été faites, les actions rentieres que l'on présente aujourd'hui, seroient encore pour le compte du sieur Joirés, & non pour la Demoiselle Fauconnier, qui doit être payée en argent comptant.

Le 1er. fait que le sieur Joirés n'a point porté en 1716 les especes étrangeres & hors de cours, suivant la Sentence de l'Amirauté de Dunkerque, à la Monnoye de Lille, s'établit par la production même du sieur Joirés. En effet, après avoir dit que la Sentence de 1716 a été executée, que le procès verbal qu'elle ordonnoit, a été fait par le Procureur du Roi, & qu'il a porté lui-même à la Monnoye de Lille, les especes étrangeres qui ont été converties en 6792 liv. de nouvelles especes, quand il s'agit de le prouver par des piéces, comme il l'avoit lui-même annoncé; il se contente d'employer le fait certain, à ce qu'il dit, qu'il y a eu un procès verbal, & qu'il a porté les especes à la Monnoye de Lille.

Ce n'eſt pas ainſi que l'on prouve un fait dont on tire avantage, & qu'il eſt auſſi aiſé de prouver par piéces. S'il y a eu un procès verbal il doit le repréſenter; ſi il a porté les eſpeces à la Monnoye de Lille, qu'il rapporte le certificat qui a dû lui être delivré par les Juges de la Monnoye de Lille, ſuivant & au terme de la Sentence, qui porte en termes exprès, que ces eſpeces ſeront à l'inſtant envoyées à la Monnoye de Lille, & échangées en eſpeces du cours de ce jour, dit la Sentence; & certificat delivré par les Juges de la Monnoye. Voilà deux piéces qui, ſi elles ont exiſté, ſont entre les mains du ſieur Joirés : Qu'il les rapporte ; la Demoiſelle Fauconnier l'en a ſommé expreſſement, & faute par lui de les rapporter, il demeure conſtant au procès, comme il eſt vrai, qu'il n'a jamais porté à la Monnoye de Lille en 1716 les eſpeces étrangeres & hors de cours, ſaiſies par la Demoiſelle Fauconnier en 1711, & reſtées entre ſes mains en dépôt, qu'il les a gardées & en a diſpoſé ainſi qu'il lui a plû, & que par conſequent les actions rentieres aujourd'huy offertes pour payement n'en deſcendent point.

Allons plus loin, & prouvons que quand cette premiere converſion de 1716 auroit été faite, ce qui n'eſt pas; il ſeroit encore faux que les 6792 liv. que l'on dit en être provenus, ayent été portez à la Monnoye de Lille le 30 Mars 1720.

Si cette converſion a été faite en 1716, les 6792 liv. qu'elle a produites, ont été données au ſieur Joirés, en Loüis d'or de 20 liv. qui étoient les ſeuls qui euſſent cours alors, ce ſont ces mêmes loüis qui en 1718 valoient 24 liv. & qu'il a offert à la Demoiſelle Fauconnier, comme provenant du dépôt : par conſequent, ces loüis qui valoient en 1718, 24 liv. provenant du dépôt, & étant les mêmes ſelon lui, que ceux qui lui avoient été donnez à la Monnoye de Lille en 1716, il eſt inconteſtable qu'en 1716 ils valoient 20 liv. parce que les loüis qui valoient en 1718, 24 liv. piéce étoient les mêmes que ceux qui en 1716 valoient 20. liv.

Mais ſi en 1716 le ſieur Joirés a reçû à la Monnoye de Lille 6792 liv. en loüis de 20 liv. & que ces mêmes loüis ſoient reſtez en dépôt entre ſes mains, juſques en l'année 1720, comme il le prétend & comme il le faut neceſſairement, par rapport à ſa qualité de dépoſitaire, qui ne peut en aucune façon toucher au dépôt ſans le violer, ce que n'auroit pas voulu faire le ſieur Joirés, étant auſſi honnête homme qu'il ſe dit, il eſt pour lors inconteſtable que ces mêmes loüis qui faiſoient en 1716 une ſomme de 6792 liv. compoſoient en 1720 une ſomme de 13584 liv. parce que les mêmes loüis, qui en 1716 valoient 20 liv. valoient le 30 Mars 1720, chacun 40 liv. en vertu de l'Arrêt du 5 du même mois de Mars, & par conſequent la ſomme de 6792 liv. que Joirés avoit entre ſes mains en 1716 avoit doublé.

Ce calcul n'eſt pas difficile à faire, ainſi le ſieur Joirés en conviendra aiſement. Qu'il nous diſe donc après cela, pourquoi lui qui étoit comme on le repete à chaque page de ſes écritures, un ſi exact obſervateur des ordres du Roi n'a porté que la moitié de la ſomme qu'il avoit en dépôt.

Or de deux choſes l'une, ou il a gardé la moitié du dépôt pour lui, ou il n'a rien porté du tout, qu'il choiſiſſe. S'il a gardé la moitié du dépôt pour lui, il entend pour lors quels ſont les noms & les qualitez qui *lui*

conviendront,

conviendront , & la Demoiſelle Fauconnier demande à être payée ſur cette moitié de ce qui lui appartient, ce qui ne peut lui être refuſé, parce que c'eſt, ſuivant les principes même de la Partie adverſe , ſa propre choſe.

Si il n'a pas porté à la Monnoye le dépôt, ce qui paroît le plus vrai & le plus honorable pour le ſieur Joirés ; mal-à-propos veut-il forcer la Demoiſelle Fauconnier à prendre du papier , comme deſcendant de ſon argent porté à la Monnoye & échangé contre des billets de banque , ce qui eſt contre la verité ; il faut donc qu'il la paye en argent comptant.

Pour ne laiſſer aucune reſſource au ſieur Joirés, on va lui prouver ſubordinement que les 4722 liv. qu'il a offerts en 1718 , en loüis à 24 liv. à la Demoiſelle Fauconnier, n'ont pas été portez à la Monnoye de Lille , le 30 Mars 1720.

La preuve en eſt aiſée. Il fait lui-même monter à 4722 liv. les ſommes par lui réellement offertes en 1718 en Louis de 24 l. En 1718 , pour faire cette ſomme de 4722, il falloit 196 Louis de 24 liv. & ces mêmes Louis qui en 1718 ne valoient que 24 liv. valoient le 30 Mars 1720, 40 liv. & par conſéquent la ſomme de 4722 l. offerte en 1718 , étoit augmentée pour le compte de la Demoiſelle Fauconnier, ſuivant les maximes même du ſieur Joirés , juſqu'à la ſomme de 7840 liv. & cela ſelon la propre fixation de la Partie adverſe , qui prétend n'avoir dû offrir que cette ſomme de 4722 liv. quoiqu'en effet ce qui étoit dû à la Demoiſelle Fauconnier montât à plus de 5000 liv. en 1718 , & dût par conſéquent monter en 1720, par l'augmentation des Louis de 24 à 40 , à plus de 8300 liv.

Mais tenons-nous en quant à préſent à la fixation du ſieur Joirés. Il a offert en 1718, 4722 liv. Cette ſomme valoit en 1720, 7840 liv. Ce n'eſt point là la ſomme qu'il prétend avoir porté , elle n'y a même aucun rapport, & par conſéquent il eſt certain qu'il n'a jamais porté à la Monnoye en 1720, ce qu'il avoit offert à la Demoiſelle Fauconnier en 1718.

Une autre obſervation qui n'eſt pas moins importante pour prouver le même fait, c'eſt que les offres de 1718 ſont faites en Louis de 24 liv. ſans aucun argent blanc ; double preuve que ce ne ſont point les eſpeces offertes en 1718 qui ont été portées à la Monnoye de Lille le 30 Mars 1720.

1°. Les eſpeces offertes en 1718 ſont des Louis de 24 liv. les eſpeces portées à la Monnoye de Lille pour le compte de la Demoiſelle Fauconnier en 1720 , ſont des Louis de 48 liv. quoiqu'il ſoit certain que les Louis qui en 1718 valoient 24 liv. ne valoient que 40 liv. en 1720 au mois de Mars, & non 48 : ce ne ſont donc pas les eſpeces offertes en 1718 qui ont été portées en 1720.

2°. Les offres faites en 1718 ſont toutes en Louis. Les eſpeces portées à la Monnoye en 1720 , ſont en partie en Louis d'or de 48 liv. partie en Ecus de 8 l. Nul rapport, nulle identité. Il faut pourtant que le ſieur Joirés prouve plus clair que le jour que les ſommes & les eſpeces offertes en 1718, ſont les mêmes qu'il a portées à la Monnoye le 30 Mars 1720 , & cela par un calcul juſte, à livres, ſols, & deniers , parce que ces eſpeces en dépôt entre ſes mains , n'ont pas dû en ſortir un ſeul inſtant, ni changer de nature.

Que réſulte-t-il de ces obſervations ? Que le ſieur Joirés n'a jamais rien porté à la Monnoye pour le compte de la Demoiſelle Fauconnier,

C

Mais, dit le ſieur Joirés, j'ai pluſieurs pieces qui prouvent le contraire, entr'autres l'Ordonnance du Juge de l'Amirauté qui me le permet, & le certificat du Directeur qui prouve que je l'ai fait.

Réponſes. 1°. L'Ordonnance du Juge ne prouve rien. C'eſt une Ordonnance renduë ſur une requête non communiquée, & où le ſieur Joirés a expoſé tout ce qu'il a voulu : ſi le ſieur Joirés avoit voulu tirer avantage de cette Ordonnance, il falloit appeller la Demoiſelle Fauconnier, ou elle auroit pris ſon argent pour en empêcher le déperiſſement, ou l'Ordonnance qui auroit ordonné le tranſport à la Monnoye auroit été contradictoire avec elle. Voilà la précaution qu'il falloit prendre. Mais le ſieur Joirés qui ſongeoit à ſubſtituer des billets à la place de l'argent de la Demoiſelle Fauconnier, travailloit dans les ténebres à ſe ménager des preuves d'un fait faux.

Tel eſt encore le certificat du nommé Baret, qui, comme nous le dit le ſieur Joirés, en qualité de Directeur de la Monnoye, n'a pas voulu déſigner ſur ſon regiſtre à qui appartenoient les eſpeces que ſieur le Joirés lui apportoit, mais qui en qualité de Directeur de la Banque, a donné le certificat. C'eſt-à-dire, qu'en qualité de Receveur de la Monnoye, c'eſt un honnête homme qui n'a pas voulu écrire ſur ſon regiſtre ce qui n'étoit pas, & en qualité de Directeur de la Banque, c'eſt un homme facile, qui a certifié ce qui étoit faux.

Rien n'eſt ſi aiſé que de le prouver. Ce certificat porte que le ſieur Joirés a apporté à la Monnoye de Lille 145 Louis de 48 liv. & 104 Ecus de 8 liv. faiſant enſemble 6792 liv. & ce le 30 Mars 1720, pour le compte de la Demoiſelle Fauconnier.

Un faux dans le certificat & une erreur groſſiere qui font voir, qu'il n'a été fait que pour faire plaiſir au ſieur Joirés, & pour quadrer parfaitement avec ſa requeſte au Juge de Dunkerque. Le faux, c'eſt qu'il certifie que le ſieur Joirés a apporté 104 Ecus, quoiqu'il ſoit certain qu'il n'ait apporté que des Louis ; ce qui eſt prouvé par l'extrait du regiſtre de la Monnoye, qui conſtate que le ſieur Joirés n'a apporté à la Monnoye de Lille le 30 Mars 1720, que des Louis. A la vûë de cet extrait ſi oppoſé au certificat de Baret, le ſieur Joirés a été obligé de dire, qu'effectivement en partant de Dunkerque il avoit ſubſtitué des Louis à la place des Ecus, & qu'il avoit prié Baret de le lui donner ainſi, ce qui étoit indifferent. On ſent parfaitement que cela n'étoit pas indiffent à Joirés, parce que ſuivant ſon projet, il falloit faire quadrer ce certificat avec ſa requête & l'Ordonnance du Juge de Dunkerque, & que Baret certifioit le faux avec pleine connoiſſance.

Il y a de plus une erreur groſſiere. Les 145 loüis de 48 l. piece, & les 104 Ecus de 8 liv. ſont dits dans le certificat faire la ſomme de 6792 liv. pendant que dans la vérité ils font 7792 liv. Croira-t-on que ſi ç'eût été une affaire qui ſe fût conſommée avec un Directeur de Banque & de Monnoye, il eût fait une auſſi lourde faute ? Non ſans doute : mais il n'étoit queſtion que de ſuivre la Requeſte & l'Ordonnance du Juge, où cette erreur avoit été commiſe ; il falloit un certificat conforme, & ce Donneur de certificats entaſſe l'erreur ſur le faux, pour faire plaiſir à ſon ami qui l'en prie.

Quelle foi peut-on donc ajouter à une pareille piece, qui fait cependant toute la défenſe du ſieur Joirés, qui eſt auſſi faux que ſa piece ?

Comment pourra-t-il après cela invoquer, comme il fait la notorieté

publique des Arrefts, qui l'ont forcé à mettre, dit-il, le bien de la Demoiſelle Fauconnier en Action rentieres. Ce ſont des effets de ſon choix
& de ſon goût ; qu'il les garde, elle n'a pas été conſultée ſur cet emploi,
& cela n'eſt pas étonnant, elle n'y devoit prendre aucune part, puiſque
ces effets ne deſcendent, ni des eſpeces par elle ſaiſies en 1711, ni de celles qui lui ont été offertes en 1718.

Il faut pourtant rendre au ſieur Joirés la juſtice qu'il mérite, & convenir qu'il eſt unique pour trouver des reſſources aux maux deſeſperez. Tout
autre que lui, battu par ſes propres pieces & par ſes propres paroles, ſeroit
reſté ſans répliques ; il n'en eſt pas ainſi du ſieur Joirés ; il va changer de
ſiſtême & de langage, & nier ce qu'il a avancé dans vingt endroits de ſes
écritures. C'eſt ainſi qu'il va répondre aux objections qui viennent de lui
être faites.

La Demoiſelle Fauconnier lui a demandé la preuve d'un fait qu'il a
avancé lui-même, ſçavoir qu'il a porté en 1716 les eſpeces, hors de cours,
à la Monnoye de Lille, après que le procès verbal en a été dreſſé par le
Procureur du Roi ; il a même fait emploi, dans ſon inventaire de production, de ce Procès verbal en ces termes, fol. 12. v°. 13. & 14.

Pour montrer du contenu audit avertiſſement, & faire voir qu'en execution de
la Sentence dudit jour 20 Avril 1716, il a été dreſſé procès verbal de l'état,
qualité, & quantité des eſpeces hors de cours, dont le ſieur Joirés étoit chargé, ap-
partenantes à Vanderlippe ; que ces mêmes eſpeces ont été portées au Bureau de la
Monnoye de Lille, & qu'il en eſt revenu la ſomme de 6792 liv. appartenant aud.
Vanderlippe, ſur laquelle ladite veuve Fauconnier avoit à prendre la valeur des
890 riſdalles avec les interêts, à compter du 21 Février 1711 ; enſemble les
épices & dépens de la Sentence du 20 Avril 1716.

Employe ledit ſieur Joirés deux pieces.

La premiere, eſt un emploi du procès verbal dreſſé par le Procureur du Roi en l'A-
mirauté de Dunkerque, de la quantité & qualité des eſpeces, dont ledit ſieur Joirés étoit
dépoſitaire, appartenantes audit Vanderlippe.

La ſeconde & derniere, eſt emploi du fait certain, que ces eſpeces ont été portées
au Bureau de la Monnoye de Lille par le ſieur Joirés, auquel il a été délivré de nou-
velles eſpeces ayant cours, montant à la ſomme de 6792 liv. leſdits emplois cottez
par D.

Il n'y a rien de plus poſitif, ou du moins d'aſſuré plus poſitivement ; & cependant quand on demande la communication de ce procès verbal à Joirés ;
communication qu'il ne peut refuſer, puiſqu'il fait un emploi de la piece,
il ſe contente de dire qu'il eſt inutile de produire des pieces pour mettre en
doute ce qui eſt jugé par l'Arreſt du 12 Juin 1722, ce qui eſt abſolument
contre la verité, puiſqu'il n'y en a jamais été queſtion ; & ſous ce prétexte
faux il refuſe de rapporter une piece dont il fait un emploi ; & cela parce
qu'elle n'a jamais exiſté, & qu'il n'a jamais porté les eſpeces à la Monnoye
de Lille. Peut-on rien de plus hardi, & en même tems de plus digne d'a-
nimadverſion, que cette conduite de Joirés, qui pour ſurprendre la reli-
gion de la Cour, fait emploi d'un fait faux, & d'une piece qui n'exiſte
pas.

La Demoiſelle Fauconnier lui dit enſuite, & lui prouve que ſi il avoit,
comme il l'a avancé, 6792 liv. en dépôt en 1716. Cette ſomme avoit

doublé entre ses mains en 1720, & faisoit 13584 liv. & lui demande ce qu'il a fait de cette somme.

Joirés est forcé de convenir du fait, mais il prétend écarter la conséquence qu'en a tiré la Demoiselle Fauconnier, & qui est toute naturelle : sçavoir, qu'il a gardé cette somme de 13584 l. dont il étoit dépositaire, & qu'elle doit être payée dessus de ce qui lui est dû.

Il faut, dit Joirés, faire distinction entre moi & Vanderlippe : Vanderlippe devoit à la Demoiselle Fauconnier 890 risdalles, aux termes de la Sentence de 1716. La saisie de la Demoiselle Fauconnier n'a tenu que jusqu'à concurrence de ces 890 risdalles, évaluées à 2956 l. donc, dit-il, je n'avois les mains liées que pour 890 risdalles. *Il ne pouvoit*, lui voit-on dire, *raisonnablement retenir en ses mains au delà des causes de la saisie ; mais aussi il estoit raisonnable que la Veuve Vanderlippe laissât entre les mains du sieur Joirés dequoi servir à sa sûreté, pour les causes de la saisie de la deffenderesse, fol. 21 r°. & v°. Aussi après la Sentence du 29 Janvier 1720, dont la Veuve Vanderlippe agissant par Joirés, interjetta appel en la Cour ; elle laissa entre les mains du sieur Joirés pour sûreté des causes de la saisie de la deffenderesse, 145 loüis de 48 l. piece, & 104 écus de 8 l. chaque, fol. 22, r°.* des contredits de production nouvelle du sieur Joirés, du 1 Août 1731.

On ne sçauroit assez admirer la hardiesse de Joirés, qui, quand il voit qu'on lui prouve qu'il avoit, selon lui-même, 13584 l. d'argent comptant à Vanderlippe en 1720, qu'il n'a pas porté à la Banque, & qu'il les a encore, ose avancer qu'il n'a retenu que ce qu'il falloit, pour sûreté des causes de la saisie, & qu'il a rendu le reste à Vanderlippe ou à sa Veuve.

Il devroit ne pas avoir oublié qu'il a dit tout le contraire, dans les contredits du 4 Août 1728, où il parle ainsi, fol. 12, r°. *l'on voit par-là que le demandeur* [Joirés] *vû le refus de la deffenderesse, de recevoir les offres réelles du 22 Août 1718, fut obligé de rester toujours malgré lui depositaire des deniers, tant envers la deffenderesse, qu'envers Vanderlippe : car il ne lui estoit pas possible de delivrer aucuns deniers à Vanderlippe, qu'auparavant il n'eut esté reglé ce qui devoit revenir à la deffenderesse. La contestation qu'elle forma arrêta tout.*

Est-il possible que ce soit la même personne qui avance des faits si differens ? En verité, si on n'étoit pas accoûtumé à voir Joirés mentir impunément, depuis le commencement de cette affaire dans toutes les occasions, cela ne seroit pas croyable.

Il y a pourtant encore quelque chose de plus fort sur ce même fait.

Joirés pour multiplier les frais, & pour embarasser cette affaire y a formé une intervention, sous le nom de la Veuve Vanderlippe, qui n'en sçait rien sans doute, puisqu'on la fait agir contre ses interêts, qui seroient de se joindre à la Demoiselle Fauconnier, pour demander compte à Joirés de l'argent, provenant de ses marchandises, & qu'il a appliqué à son profit.

Joirés sous le nom de cette Veuve Vanderlippe, dont il ne sçait même pas le nom, & par le ministere de son Procureur, a donné differentes Requêtes, par lesquelles il fait demander à cette Veuve Vanderlippe contre la Demoiselle Fauconnier, qu'elle soit condamnée à lui payer en argent comptant ce qu'elle prétend lui revenir dans les dixiémes d'actions rentieres, lors-

que

que la Demoiselle Fauconnier y aura pris son principal, ses interests & ses frais.

Et pour fonder ces conclusions, voici le raisonnement du sieur Joirés, ou si il veut, de la Veuve Vanderlippe. Le sieur Joirés avoit à Vanderlippe 6792 liv. il ne falloit à la Demoiselle Fauconnier que 4722 liv. si elle les avoit reçûs, la Suppliante Veuve Vanderlippe auroit été payée dans l'instant des 2000 liv. qui lui revenoient ; mais les contestations d'entre la Demoiselle Fauconnier & le sieur Joirés l'ont empêché : *Dans l'intervalle de ces contestations, la Suppliante Veuve Vanderlippe a demandé au sieur Joirés ce qui pouvoit lui revenir dans les 6792 liv. mais il l'a refusé sous pretexte des grandes idées qu'avoit la Veuve Fauconnier de consommer toute la somme.* Ce sont les propres termes de la Requeste sous le nom de la Veuve Vanderlippe du 28 Mai 1728, fol. 5. v°. & au fol. 7. v°. on lit ces mots : *Si la Demoiselle Fauconnier avoit reçû lors des offres, la Suppliante auroit touché des mains du sieur Joirés le surplus des 6792 liv. qui va à 2000 liv. & plus, le sieur Joirés n'a refusé de payer la Suppliante, que sous prétexte du procès dans lequel il étoit avec la Veuve Fauconnier.*

N'est-il pas plus clair que le jour après un pareil aveu, soit de Joirés, soit de la Veuve Vanderlippe, que Joirés n'a jamais rendu un sol à la Veuve Vanderlippe, & que par conséquent les 6792 liv. augmentez en 1720, jusques à 13584 liv. sont restez en especes entre ses mains, & que la Demoiselle Fauconnier doit être payée sur cette somme que le sieur Joirés retient tant à elle qu'à la Veuve Vanderlippe, par la plus inique de toutes les perfidies, & par un abus du depost auquel toutes les Loix donnent le nom de vol.

Passons à la troisiéme objection que la Demoiselle Fauconnier a faite au sieur Joirés. Elle lui a dit qu'il n'avoit pas même porté à la Monnoye les sommes qu'il lui avoit offertes en 1718, & que c'étoit donc bien mal-à-propos qu'il vouloit lui faire prendre du papier qui ne provenoit pas des especes à elles offertes par Joirés dépositaire.

Elle lui a prouvé de deux manieres. 1°. Les especes offertes en 1718 à la Veuve Fauconnier, montoient selon Joirés à 4722 l. Cette même somme étoit augmentée en 1720 jusques à 7840 l. qui n'est point la somme prétenduë portée par Joirés. 2°. Les offres ont été faites en loüis de 24 l. & les espéces prétenduës portées à la Monnoie sont des loüis de 48 l. & des écus de 8 liv. ainsi nulle identité ; cependant il faut que le sieur Joirés dépositaire prouve que les sommes offertes en 1718, sont les mêmes qui ont été portées à la Monnoye le 30 Mars 1720, parce que ces especes en depost entre ses mains, n'ont pas dû en sortir un seul instant, ni changer de nature.

Joirés sent la force de ce raisonnement ; mais sa ressource ordinaire est toute prête, il nie ce qu'il a dit cent fois, sçavoir que les offres fussent de 4722 liv. & qu'il fut dépositaire des sommes sequestrées entre ses mains & par lui offertes.

L'erreur de la Deffenderesse vient de ce qu'elle confond Joirés avec Vanderlippe, & qu'elle ne veut pas considerer que Vanderlippe pût bien lui offrir en 1718 en loüis ou autres especes selon leur valeur actuelle, principal, interests & frais, sans que le sieur Joirés soit demeuré dépositaire de ces especes offertes. C'est ainsi que

D

parle Joirés fol. 28. v°. des contredits de production nouvelle du premier Aouſt 1731.

Prouvons lui donc qu'il a dit dans toutes ſes écritures, qu'il avoit offert 4722 liv. & qu'il n'étoit que dépoſitaire.

Fol. 35. v°. de ſon avertiſſement du 18 Mars 1728, il s'explique ainſi : *Pourquoi ne pas recevoir 4722 liv. que le ſieur Joirés lui a offertes en eſpeces ſonnantes le 22 Aouſt 1718.* Fol. 38. v°. du même avertiſſement : *La Veuve Vanderlippe devoit recevoir 2070 liv. dans les 6792 liv. puiſqu'il n'en appartenoit que 4722 liv. à la Veuve Fauconnier.*

Y a-t'il rien de plus précis pour ſçavoir combien on a offert à la Veuve Fauconnier en 1718, elle ne le peut pas ſçavoir, elle n'y étoit pas, ni perſonne pour elle ; elle s'en rapporte à Joirés lui-même, qui a fait ſes offres & qui ſçait mieux que perſonne combien il a offert ; il lui apprend dans vingt endroits de ſes écritures, qu'il lui a offert 4722 liv. la Demoiſelle Fauconnier l'en croit ſur ſa parole, & compte ſur ce pied-là ; & enſuite il a la hardieſſe dans ſes écritures du premier Aouſt 1731, fol. 16. v°. & 17. r°. de dire qu'*il fit les offres du 22 Aouſt 1718, non pas de 4722 liv. comme la Deffendereſſe l'allegue.* Il faut avoir perdu toute honte, pour imputer ainſi aux autres d'alleguer ce qu'on leur a repeté vingt fois.

Il en eſt de même de la qualité de dépoſitaire qu'il rejette aujourd'hui, après l'avoir priſe partout, & l'avoir regardée comme le titre qui l'avoit mis en état, diſoit-il, de porter l'argent de la Demoiſelle Fauconnier à la Banque, parce qu'il étoit forcé comme dépoſitaire de s'en déſaiſir.

Dans l'Avertiſſement du 18 Mars 1728, fol. 9. v°. voici comme il s'exprime : *Les eſpeces conſignées entre les mains du ſieur Joirés* ayant en conſequence été portées à la Monnoie, & converties en nouvelles eſpeces, elles ſe ſont trouvées monter par cette converſion à 6792 liv. *& c'eſt en quoi a conſiſté tout le depoſt des deniers appartenans à Vanderlippe,* ſur leſquels la Veuve Fauconnier avoit à prendre 890 riſdalles, les intereſts depuis 1711, & les dépens adjugez par la Sentence de 1716.

Fol. 12. r°. du même Avertiſſement. Le ſieur Joirés voulant ſe liberer *du depoſt de 6792 liv.* fit des offres réelles à la veuve Fauconnier, par un Notaire, le 22 Aouſt 1718, en louis de 24 liv. &c.

Fol. 26. le ſieur Joirés avoit entre ſes mains 6792, *comme dépoſitaire,* appartenant tant à la veuve Vanderlippe, qu'à la veuve Fauconnier.

Et dans ſes contredits du 4 Mars 1728.

Fol. 6. v°. le Demandeur n'a fait que *la fonction de dépoſitaire,* tant envers Vanderlippe, ſur qui la ſaiſie de la Défendereſſe a été faite, qu'envers la Défendereſſe même, qui par ſa ſaiſie a arrêté les deniers entre les mains du Demandeur.

Fol. 8. r°. Cette Sentence du 20 Avril 1716, confirme toujours que le Demandeur n'a fait que *la fonction de dépoſitaire des deniers* . . . . . & c'eſt en cette même qualité de *ſequeſtre ou dépoſitaire de Juſtice* que le Demandeur a été aſſujetti à porter à l'Hôtel des Monnoyes de Lille les eſpeces étrangeres qui étoient en ſes mains.

Fol. 8. v°. Au ſurplus, la Défendereſſe diſſimule dans ſes écritures que ces eſpeces étrangeres qui étoient *en ſequeſtre ou dépoſt entre les mains du Demandeur,* ſe ſont trouvées monter en monnoye de France par la conversion faite en l'Hôtel des Monnoyes de Lille, à 6792 liv. que c'est dans cette somme monnoye de France qu'a consisté *le dépôst entre les mains du Demandeur.*

Enfin, fol. 4. r°. & v°. des mêmes contredits du 4 Aoust 1728, le sieur Joirés parle ainsi : *La veuve Fauconnier doit s'imputer de n'avoir pas pris les especes à elle offertes en 1718, & d'avoir jugé à propos de les laisser en dépôst. Elles y sont restées à ses risques ; & comme proprietaire de la chose déposée, la perte qui a pû y survenir est sur son compte.*

Comment le sieur Joirés conciliera-t-il son nouveau sistême qui est de n'être pas resté dépositaire des offres, avec son ancien sistême exprimé d'une maniere aussi forte qu'il l'est ci-dessus & si souvent réiterée.

Après tout la Demoiselle Fauconnier en donnera le choix au sieur Joirés, il peut opter.

Ou il a été dépositaire, ou il ne l'a pas été.

S'il a été dépositaire, il est incontestable qu'il est coupable d'avoir violé le dépôst, & qu'il étoit de son devoir de conserver les mêmes especes qui avoient été offertes au mois d'Aoust 1718, & qu'il faudroit absolument que ce fussent ces mêmes especes qui eussent été converties en Billets de Banque pour que ces Billets fussent pour le compte de la Demoiselle Fauconnier.

Ici rien de semblable. Joirés a offert 4722 livres qui au jour de la prétenduë conversion en billets le 30 Mars 1720, valoient 7840 livres, la somme de 6792 livres qu'il prétend avoir porté, n'a aucun rapport à celle-là.

Les offres étoient faites toutes en louis : au contraire dans les especes portées à la Monnoye, il y avoit, dit-on, 104 écus de 8 livres piece ; les offres étoient faites en louis de 24 livres, qui au 30 Mars 1720, valoient 42 liv. Ceux qui sont portez, dit-on, sont de 48 liv. Ainsi aucun rapport de la chose offerte & déposée avec celle que l'on offre aujourdhui à la Demoiselle Fauconnier : aussi le sieur Joirés abandonne-t-il cette qualité de dépositaire.

Passons donc à l'autre membre du dilemme : il n'a pas été dépositaire, & dans ce cas, quel avantage peut-il tirer des offres du 22 Aoust 1718, qui n'ont pas été suivies de consignation, condition absolument necessaire pour liberer le débiteur ? & pour faire tomber la perte des deniers consignez sur le creancier. C'est la disposition précise de la Loi *Acceptam C. de usuris*, sur laquelle Dumoulin dans son Traité des Usures, *quest.* 43. *n.* 325. ajoute ces mots: *Certum est quod consignatio legitimè facta, videlicet, integrè, judice adito, parte vocata liberat ipso jure.* Et Perezius sur cette même Loi *Acceptam*, s'explique ainsi : *Obsignatione totius debitæ pecuniæ solemniter facta liberationem contingere manifestum est ; ex eâ namque hoc commodum consequitur debitor, ut ab eo amoveatur omne periculum.* C'est aussi le sentiment de tous nos Auteurs & la Jurisprudence de tous les Tribunaux ; ainsi les offres faites par le sieur Joirés en 1718, lui deviennent totalement inutiles faute de consignation, & cela avec d'autant plus de raison qu'il ne s'est jamais dépoüillé de ses deniers ; qu'il en a toujours fait ses affaires, & qu'il convient dans sa Requeste du 23 Avril 1732, vers la fin, que *ce n'a été que par la negociation d'affaires qu'ils ont eu ensemble la veuve Vanderlippe & lui, qu'il s'est trouvé à ladite veuve Vanderlippe au commencement de l'année* 1720, *l'or & l'argent expliqué dans la Requeſte preſentée au Juge de l'Amirauté de Dunkerque.*

Ces eſpeces portées à la Banque le 30 Mars 1720, ne peuvent donc nullement concerner la Demoiſelle Fauconnier ; elle ne ſçait à qui elles appartiennent ; elle ne ſçait même s'il en a été porté ; mais cela lui eſt indifferent ; ce ne peut être pour ſon compte : ainſi en ſuppoſant que le ſieur Joirés en ait porté pour elle , cela n'empêche pas qu'il ne ſoit toujours ſon débiteur de toutes les ſommes que l'Arreſt du 12 Juin 1722 , le condamne à payer à la Demoiſelle Fauconnier.

Mais pour dire le vrai , il eſt certain qu'il n'a jamais porté à la Monnoye ni converti en billets les effets ſaiſis par la Demoiſelle Fauconnier en 1711. Cela eſt aiſé à démontrer.

1°. Il n'a jamais obéi à la Sentence du 20 Avril 1716, qui vouloit qu'il fut dreſſé par le Procureur du Roi, procès verbal de la qualité & quantité des eſpeces hors de cours ; qu'elles fuſſent enſuite portées à la Monnoye de Lille , & que les Juges de la Monnoye en délivraſſent un Certificat.

Joirés devroit avoir ces deux pieces ſi il avoit ſatisfait à la Sentence ; il a été ſommé de les rapporter par un acte judiciaire , par lequel on lui a déclaré que faute par lui de les repreſenter , il demeureroit pour conſtant qu'il n'avoit point porté les eſpeces à la Monnoye de Lille ; il ne l'a cependant pas fait , quoiqu'il eût employé ces pieces dans ſon inventaire de production , & qu'il en eût tiré l'induction, que c'étoit un fait certain qu'il avoit ſatisfait à la Sentence , & porté les eſpeces à la Monnoye : Donc il n'a point ces deux pieces qu'il auroit ſi il avoit ſatisfait à la Sentence : Donc il n'a point ſatisfait à cette Sentence , & n'a jamais porté les eſpeces à la Monnoye de Lille.

2°. La Demoiſelle Fauconnier rapporte un certificat en bonne forme du Controlleur de la Monnoye de Lille, qui déclare qu'il a fait la verification des Regiſtres des années 1716, 1717, & 1718 , pendant leſquelles le ſieur Joirés n'a point remis d'eſpeces ni de matieres , ſoit pour ſon compte, ſoit pour autre perſonne. Ce certificat eſt au procès.

S'il eſt vrai, comme on n'en peut douter, que le ſieur Joirés n'ait point porté à la Monnoye les eſpeces ſaiſies & ſéqueſtrées en ſes mains en 1711, voilà cette filiation non interrompuë qu'il avoit promis de faire voir , & qui eſt neceſſaire, depuis la ſaiſie de 1711, juſqu'à la converſion de 1720 en billets ; la voilà, diſons-nous, qui manque dès le premier pas.

Paſſons cependant, & accordons lui, comme il le veut, que *ces eſpeces ont été converties, & qu'elles ont produit 6792 liv.* Elles ont conſiderablement augmenté juſqu'en 1720 , en ſorte qu'elles avoient doublé, & faiſoient *une ſomme de 13580 liv. le 30 Mars 1720.*

Joirés a dit d'abord qu'il n'en avoit rien délivré à la veuve Vanderlippe. Il a dit la même choſe ſous le nom de cette veuve , ou s'il veut , ce ſera elle-même qui l'aura dit. Il eſt donc conſtant qu'il avoit cette ſomme le 30 Mars 1720 , & qu'il ne l'a pas portée à la Banque : il l'a donc encore en eſpeces, & c'eſt ſur cette ſomme qu'il doit payer la Demoiſelle Fauconnier. Ce raiſonnement eſt ſans répliques.

Il faut avant que de finir répondre à trois objections que fait le ſieur Joirés.

La

La premiere eſt appuyée ſur un certificat du ſieur Baret abſolument informe, qui certifie que le ſieur Joirés a apporté à la Banque pour le compte de
la veuve Fauconnier 6792 l. Donc, dit Joirés, j'ai porté cette ſomme ; je
voulois que cette déclaration fût inſerée ſur le regiſtre , mais on me le re-
fuſa , parce que ce n'étoit pas l'uſage ; tout ce que je pûs obtenir fut le certificat de Baret.

On a déja démontré que ce Certificat du ſieur Baret étoit abſolument
faux & contraire au regiſtre. Auſſi le ſieur Joirés a-t-il été contraint de l'a-
bandonner, quoique ce fût ſa ſeule & unique piece.

Mais il y a plus, la Demoiſelle Fauconnier rapporte un certificat en bonne forme du Directeur, du Controlleur, & du Receveur de la Monnoye de
Lille, même du ſieur Baret, qui déclarent tous qu'on enregiſtroit le nom
de ceux pour qui on apportoit des eſpeces, lorſque ceux qui les apportoient
en faiſoient la déclaration ; ainſi voilà encore le ſieur Joirés convaincu d'a-
voir fait à cette occaſion une fauſſe déclaration, démentie de la façon la
plus forte.

Une ſeconde objection, eſt de dire de la part du ſieur Joirés, qu'il a
porté à la Banque le 30 Mars 1720 une ſomme de 100382 liv. dans laquelle il y en avoit une de 49590 liv. à lui appartenante, & qu'il n'eſt pas à
préſumer qu'il aura porté une auſſi groſſe ſomme à lui appartenante, pour
garder une modique ſomme de 12 ou 13000 liv.

Reponſes. 1°. Ce raiſonnement ne conclut rien, & il ſeroit très-poſſible
qu'il eût porté ſon argent, parce qu'on ſçavoit qu'il l'avoit, & qu'il eût
gardé ces 13580 liv. que l'on ignoroit qu'il eût, & par rapport auſquelles il
ne craignoit point d'être dénoncé.

2°. Il n'eſt point vrai que le ſieur Joirés eut 49590 l. dans la ſomme de
100382 l. puiſqu'il eſt prouvé dans une Déclaration qui ſe trouve dans le
ſac du ſieur Pourat de la Magdelaine, que le ſieur Joirés a auſſi forcé d'être
en cauſe dans ce procès, ſous prétexte que c'eſt ce ſieur Pourat qui eſt dépoſitaire des dixiémes d'actions qu'il nous veut faire prendre, il y eſt prouvé,
dis-je, que dans cette ſomme de 49590 l. il y en avoit 14500 l. appartenans
aux ſieurs le Fevre ſes neveux, & 6000 l. pour un Baron Suedois. Voilà déja
20500 l. à ôter de cette ſomme ; & peut-être, ſi il étoit poſſible de faire
toutes les découvertes neceſſaires, trouverions-nous qu'il n'avoit rien dans
cette ſomme, & qu'il s'eſt fait un plaiſir de porter à la Banque l'argent
de tous ceux qui ont bien voulu lui en confier, pour ſe faire honneur, &
avoir lieu de tirer du ſieur Baret tel certificat qui pourroit convenir à ſes
interêts.

Enfin la troiſiéme objection du ſieur Joirés, eſt de dire qu'il eſt inutile de
rechercher avec tant de curioſité la conduite qu'il a tenuë anterieurement à
l'Arrêt du 12 Juin 1722, puiſque cet Arrêt & celui du 3 Mars 1727, ont
tout couvert & ont même préjugé la queſtion.

La Demoiſelle Fauconnier ſoutient au contraire que ces 2 Arrêts ne ſçau-
roient jamais empêcher qu'elle ne ſoit payée en argent, des ſommes qui
lui ſont dûës par la Veuve Vanderlippe & par le ſieur Joirés, depuis près
de 30 ans, & qu'au contraire ils l'ordonnent.

La raiſon en eſt ſenſible : la ſeule & unique queſtion décidée par ces Arrêts, a été la fixation de la valeur des 890 riſdalles dûës à la Veuve Fau-

connier. Elle demandoit pour ces 890 pieces de monnoye Norvegienne, une fomme de 3560 l. Le fieur Joirés, au contraire, ne lui offroit que 2956 lvres.

La Cour par fon Arrêt du 12 Juin 1722, fans s'arrêter à la fixation de la Demoifelle Fauconnier, a condamné Joirés à payer à cette Veuve, fuivant fes offres du 22 Août 1718, la fomme de 2956 l. il ne s'agit nullement dans cet Arrêt de fçavoir, fi les offres étoient faites en argent ou en billets, ni ce qu'étoient dévenuës les efpeces avec lefquelles on avoit fait les offres. L'Arrêt ne prononce rien là-deffus ; il s'y agiffoit uniquement de fixer la valeur des rifdalles. C'eft auffi la feule chofe fur laquelle la Cour a ftatué par cet Arrêt.

C'eft ce que Joirés lui-même a précifément foutenu, lorfqu'il défendoit à la Requête Civile. Voici comme il s'explique dans les écritures du 15 Septembre 1724, en parlant de l'Arreft du 12 Juin 1722. *Il eftoit queftion alors feulement de fçavoir fur quel pied fe devoit faire l'évaluation des 890 rifdalles, & fi les offres faites par l'afte du 22 Août 1718, eftoient fuffifantes ou non.* Cela eft encore repeté plufieurs fois dans les mêmes écritures, & dans une Requête de Joirés du 16 Avril 1725, où il parle ainfi: *Il eftoit queftion feulement de fçavoir fi la fixation faite par les Experts convenus volontairement à 2956 l. pour les 890 rifdalles, eftoit reguliere & bien faite, ainfi que les offres faites en confequence : car il n'y a uniquement que fur ce feul point que la Cour a prononcé par fon Arrét définitif, en infirmant la Sentence qui ordonnoit une nouvelle fixation, en confirmant la premiere, & condamnant le fuppliant de payer fuivant fes offres, la fomme fixée & ce qui refultoit de la Sentence du 20 Avril 1716.*

L'Arreft de la Cour du 12 Juin 1722, ne fait donc felon Joirés lui-même, aucun préjugé pour fçavoir fi la Demoifelle Fauconnier doit recevoir des effets de nulle valeur, ou fon argent qui eft entre les mains de Joirés. Celui du 3 Mars 1727, qui a débouté la Demoifelle Fauconnier de la Requefte Civile qu'elle avoit prife contre l'Arreft du 12 Juin 1722, ne fait pas plus à la queftion qu'il s'agit de décider aujourd'hui ; il n'en réfulte rien autre chofe, finon que l'Arreft que la Requefte Civile attaquoit, eft refté dans toute fa force.

Cet Arreft rejettoit la fixation que la Demoifelle Fauconnier vouloit donner aux rifdalles ; mais en même tems il condamnoit le fieur Joirés à payer la fomme de 2956 liv. de principal, avec les interefts, épices de la Sentence de l'Amirauté de Dunkerque de 1716, & les dépens. La Demoifelle Fauconnier eft donc aujourd'hui en état de pourfuivre l'execution de l'Arreft du 12 Juin 1722, auquel celui du 3 Mars 1727 n'a fait que donner plus de force, & en confequence d'éxiger du fieur Joirés toutes les fommes dont cet Arreft porte la condamnation.

Le fieur Joirés lui-même l'a fi bien fenti, que dans l'Arreft qu'il a furpris fur Requefte, il a fait inferer des deffenfes d'executer ces deux Arrefts ; il reconnoît donc lui-même, que loin de juger la queftion dont il s'agit en fa faveur, ces deux Arrefts operent une condamnation qu'il ne peut éteindre qu'avec de l'argent comptant, puifque lorfqu'il veut payer en papier, il eft obligé d'avoir des deffenfes contre ces deux Arrefts, dont la Demoifelle Fauconnier demande l'execution.

Finiffons en retraçant en peu de mots aux yeux de la Cour, les mauvaifes manœuvres & les tergiverfations continuelles du fieur Joirés, depuis le commencement de cette affaire, & par lefquelles il eft parvenu à garder les deniers de la Demoifelle Fauconnier depuis 1711 jufques à prefent.

Il a commencé d'abord lors de la fixation du prix des rifdalles, à en impo-fer au fils de la Veuve Fauconnier, & aux Arbitres, en leur faifant enten-dre que la Sentence du 20 Avril 1716 ; ordonnoit que le prix des rifdalles feroit reglé fuivant leur valeur & fuivant le cours du 21 Février 1711 ; ce qui eft abfolument faux, & qui a été caufe du procès terminé par l'Arreft de 1722, que la Demoifelle Fauconnier n'avoit entrepris que dans l'indi-gnation où elle étoit de la mauvaife-foi & de la perfidie de Joirés.

Quand la conteftation a été engagée en la Cour, & qu'elle a été prête à y recevoir une décifion ; le fieur Joirés s'eft bien gardé de parler des effets qu'il deftinoit au payement de la Veuve Fauconnier, au contraire il a avan-cé fauffement à la Cour, que les loüis qu'il avoit offerts en 1718, étoient reftez chez le Notaire, qui les avoit offerts, & qu'ils y étoient encore. Auffi-tôt après que l'Arreft du 12 Juin 1722 a été rendu, il a parlé un langage tout different, & a dit qu'il avoit retiré ces loüis auffi-tôt après les offres, qu'il les avoit convertis en billets de banque, & les billets en dixiémes d'ac-tions, que la Demoifelle Fauconnier n'avoit qu'à prendre pour fon paye-ment.

Cette Veuve toujours trompée par le fieur Joirés, au lieu de fuivre l'éxe-cution de l'Arreft de la Cour, & de fe faire payer, prit Requefte Civile con-tre l'Arreft, auquel elle croyoit que la fupercherie de Joirés & fa fauffe alle-gation avoit donné lieu.

Pour lors Joirés ceffa de parler de billets & d'actions rentieres, au con-traire il dit que c'étoit un bonheur pour la Demoifelle Fauconnier de ce qu'il avoit retiré de chez le Notaire les efpeces offertes, parce que fi elles y étoient reftées, le Notaire en qualité de dépofitaire auroit été forcé de les porter à la Banque, enforte qu'elle n'auroit *que des papiers d'une valeur très-peu confiderable, au lieu qu'elle retrouvoit fa fomme en entier avec les interefts.* Il pouffa même l'effronterie jufqu'à dire que *fi la Cour avoit jugé fur ce depoft, elle auroit renvoyé la Veuve Fauconnier à le retirer du Notaire en l'état qu'il s'y feroit trouvé, c'eft-à-dire, en effets d'une valeur très-mediocre, au lieu qu'elle lui a donné des efpeces réelles.*

La Requefte Civile ne fut pas plûtôt jugée que ce ne fut plus *des efpeces réelles* que la Cour avoit donné à la Demoifelle Fauconnier, du moins Joirés qui venoit de l'affurer à la Cour, ne voulut plus lui donner que des dixiémes d'actions, fous prétexte qu'*en qualité de depofitaire* il avoit été forcé de porter l'argent qu'il avoit en depoft depuis 1711, & qu'il avoit offert en 1718 en loüis de 24 livres.

Il a ajoûté qu'en execution de la Sentence de 1716, il avoit fait faire un procès verbal de la qualité & quantité des efpeces décriées qu'il avoit en depoft ; qu'enfuite il les avoit portées à la Monnoie de Lille, qu'il en avoit pris le Certificat des Juges de cette Monnoie, & que par cette converfion ces efpeces s'étoient trouvées faire 6792 liv. en quoi avoit confifté *tout fon depoft* ; qu'il avoit enfuite porté tout entier à la Monnoie de Lille, & con-verti en billets de banque en 1720, fans avoir pû en rien donner à la Veuve Vanderlippe proprietaire, parce qu'il ne pouvoit lui rien délivrer ni se désaisir de rien , que les contestations avec la Demoiselle Fauconnier ne fussent finies.

La veuve Fauconnier lui a demandé la representation du procès verbal dressé en execution de la Sentence de 1716 , & du Certificat des Juges de la Monnoye, qu'il a dit avoir, & dont il a fait emploi dans son inventaire de production. A cela il répond, qu'il est inutile de rapporter ces pieces, parce que le fait qu'elles servent à assurer , sçavoir qu'il a porté les especes décriées à la Monnoye est certain (nous disons au contraire que le fait est faux) & que si il étoit vrai qu'il eût porté , il auroit ces deux pieces , ne feroit nulle difficulté de les montrer , & que c'est le comble de l'effronterie d'en tirer des inductions , & d'en faire emploi sans les avoir & sans qu'elles existent.

La Demoiselle Fauconnier lui a ensuite démontré , que puisqu'en 1716 il avoit 6792 liv. *en depôt*, & qu'il n'en avoit rien payé à la veuve Vanderlippe , ainsi que cette veuve & lui le disoient , il falloit necessairement que cette somme de 6792 liv. eût doublé en 1700, & que le 30 Mars qu'il prétend l'avoir porté à la Monnoye , elle faisoit 13580 liv. quoiqu'il ne prétendît avoir porté que 6792 liv. & on lui a demandé ce qu'il avoit fait du reste, lui qui en qualité de *depositaire*, n'y pouvoit toucher sans commettre un vol.

A cette question embarassante , trois réponses de sa part , deux desaveux de ce qu'il a avancé dans tous les tems , & une piece fausse.

1°. Il n'est point, dit-il, resté dépositaire ; c'est cependant une qualité qu'il s'est donnée à chaque ligne de ses écritures, & qu'il se donnoit déja en 1725 avant cette contestation dans ses écritures du 15 Septembre 1724, où il dit ces propres mots : *qu'il n'a jamais eu & n'a encore d'autre qualité que celle de depositaire*. Il l'a conservé depuis cette qualité jusqu'au moment où on lui a fait voir qu'il en avoit abusé , en s'appropriant le bien d'autrui ; pour lors il la quitte , mais ne veut pas rendre les 6792 liv. qu'il a pris ; & pour s'en dispenser , & c'est sa seconde réponse ,

Il avance qu'il a remis à cette veuve Vanderlippe , ce qui lui revenoit , quoique cette veuve le nie dans des écritures qui sont au procès, & qu'il ait dit la même chose dans les siennes. *Scripturæ diversæ fidem sibi invicem derogantes, ab una eademque parte prolatæ , nihil firmitatis habere poterunt*, dit la Loi 14. Cod. *de fide instrumentorum*.

Il faut donc en croire la veuve Vanderlippe & non Joirés. Cette veuve dit qu'il ne lui a rien payé, qu'il l'a même refusé, quand elle lui a demandé l'excedent de ce qu'il falloit à la Demoiselle Fauconnier. Il est donc vrai qu'il avoit le 30 Mars 1720, 13580 liv. qui appartenoient, tant à la veuve Vanderlippe qu'à la veuve Fauconnier. Il ne dit pas qu'il les ait portées à la Banque , il les a donc gardées & les a encore.

Enfin sa troisiéme réponse est, qu'il est certain qu'après avoir fait ses comptes avec la veuve Vanderlippe au commencement de 1720 , elle lui laissa 6792 l. pour la veuve Fauconnier qu'il porta à la Banque , ainsi que le prouve le certificat du sieur Baret.

Le commencement de cette réponse est démenti par la veuve Vanderlippe, qui dit n'avoir rien touché, la fin s'appuye sur un certificat informe , que l'on a prouvé à Joirés être faux , & qu'il a été obligé d'abandonner ,

ner ,

ner, parce que la fauſſeté qui eſt ſon ouvrage, eſt trop viſible.

Enfin le ſieur Joirés ne dit pas un mot & n'avance pas un fait, que ce ne ſoit une fauſſeté.

Il a dit qu'il avoit porté en exécution de la Sentence de Dunkerque de 1716 les eſpeces décriées à la Monnoye de Lille, pour les convertir en nouvelles eſpeces, & il a mis ce fait d'abord en 1716 ; comme cette datte l'incommodoit, il l'a miſe enſuite en 1718, & nous lui rapportons un certificat en bonne forme des Officiers de la Monnoye de Lille qui déclarent, qu'après avoir vérifié & dépouillé les regiſtres de la Monnoye, ils n'ont point trouvé que Joirés ait rien porté pendant les années 1716, 1717, & 1718.

Il a encore dit qu'il ne rapportoit point d'extrait du livre de la Banque, qui prouvât qu'il eût porté en 1720 le 30 Mars 6792 l. pour le compte de la Veuve Fauconnier, parce qu'on lui avoit réfuſé d'inſcrire cette Déclaration ſur le Regiſtre, quoiqu'il l'eût demandé, en lui diſant que ce n'étoit pas l'uſage.

On a produit au procès un certificat du Directeur, du Contrôleur & du Receveur de la Banque & de la Monnoye, qui atteſtent qu'ils n'ont jamais refuſé d'inſcrire les Déclarations que l'on ſouhaitoit qu'ils miſſent ſur leur Regiſtre, & qu'ils l'ont toujours fait.

C'eſt par de pareilles manœuvres, & en ſacrifiant à chaque inſtant la verité à ſes interêts, ſuivant les circonſtances & les tems, & en en impoſant même à la Cour, lorſqu'il croyoit qu'il étoit de ſon interêt de le faire, que le ſieur Joirés eſt parvenu à garder l'argent de la Demoiſelle Fauconnier, depuis 1711, c'eſt-à-dire, depuis plus de 20 années

C'eſt par des moyens auſſi indignes, qu'il a trouvé le ſecret d'empêcher l'exécution de l'Arreſt du 12 Juin 1722, de ſe diſpenſer de payer les ſommes dont cet Arreſt porte la condamnation, & de ſe perpetuer dans la poſſeſſion de l'argent de la Demoiſelle Fauconnier, qui en a beſoin à chaque moment dans ſon commerce.

Cette conduite qui fait un préjudice conſiderable à la veuve Fauconnier, & qui la prive de l'uſage de ſon argent depuis un ſi grand nombre d'années, ſans que cette privation ſoit compenſée par des intereſts qui ont ceſſé au 22 Aouſt 1718, mérite d'être punie par les condamnations les plus ſéveres, & par des dommages intereſts, qui indemniſent en quelque façon la veuve Fauconnier des pertes que lui ont cauſé les tergiverſations de Joirés & ſa mauvaiſe foi.

Monſieur DAVERDOINQ, *Rapporteur.*

Me. COUSIN, Avocat.

THOURETTE, Procureur.

De l'Imprimerie de CLAUDE SIMON, ruë des Maſons, du côté de la ruë des Mathurins. 1732.